团 体 标 准

高速公路货车队列运行系统功能要求

Functional Requirements for Truck Platooning Operation System on Expressway

T/CHTS 10174—2024

主编单位:北京主线科技有限公司
发布单位:中国公路学会
实施日期:2024 年 11 月 4 日

人民交通出版社
北 京

图书在版编目(CIP)数据

高速公路货车队列运行系统功能要求 / 北京主线科技有限公司主编. — 北京 ：人民交通出版社股份有限公司，2024.11. — ISBN 978-7-114-19808-3

Ⅰ. U469.2

中国国家版本馆 CIP 数据核字第 20243ZX830 号

标准类型： 团体标准
标准名称： 高速公路货车队列运行系统功能要求
标准编号： T/CHTS 10174—2024
主编单位： 北京主线科技有限公司
责任编辑： 郭晓旭　韩亚楠
责任校对： 赵媛媛　刘　璇
责任印制： 刘高彤
出版发行： 人民交通出版社
地　　址： (100011)北京市朝阳区安定门外外馆斜街 3 号
网　　址： http://www.ccpcl.com.cn
销售电话： (010)85285857
总 经 销： 人民交通出版社发行部
经　　销： 各地新华书店
印　　刷： 北京交通印务有限公司
开　　本： 880×1230　1/16
印　　张： 1.5
字　　数： 42 千
版　　次： 2024 年 11 月　第 1 版
印　　次： 2024 年 11 月　第 1 次印刷
书　　号： ISBN 978-7-114-19808-3
定　　价： 24.00 元
(有印刷、装订质量问题的图书，由本社负责调换)

中国公路学会文件

公学字〔2024〕110号

中国公路学会关于发布《高速公路货车队列运行系统功能要求》的公告

现发布中国公路学会标准《高速公路货车队列运行系统功能要求》(T/CHTS 10174—2024),自2024年11月4日起实施。

《高速公路货车队列运行系统功能要求》(T/CHTS 10174—2024)的版权和解释权归中国公路学会所有,并委托主编单位北京主线科技有限公司负责日常解释和管理工作。

中国公路学会

2024年10月22日

前　言

本文件是在系统总结国内外货车队列运行系统研究成果和试验验证的基础上编制而成。

本文件按照《中国公路学会标准编写规则》(T/CHTS 10001—2018)编写。共分 6 章和 1 个附录,主要内容包括:总则、术语、一般要求、货车队列、云平台、数据交互及信息安全要求。

请注意本文件的某些内容可能涉及专利。本文件的发布机构不承担鉴别专利的责任。

本文件由中国公路学会提出,受中国公路学会委托,由北京主线科技有限公司负责具体解释工作。请有关单位将实施中发现的问题和建议反馈至北京主线科技有限公司(地址:北京市海淀区中关村智造大街 F 座 5 层;联系电话:010-62780727;电子邮箱:pr@trunk. tech),供修订时参考。

主编单位:北京主线科技有限公司。

参编单位:长安大学、清华大学、山东高速信息集团有限公司、陕西汽车集团股份有限公司、招商新智科技有限公司、中汽科技(北京)有限公司、中铁建新疆京新高速公路有限公司、中信科智联科技有限公司。

主要起草人:张天雷、王里、王超、龚思远、赵祥模、徐志刚、李瑞敏、曹正彬、赵怀福、薛令阳、冯凯、王振华、高文志、马文博、隆星、张学艳。

主要审查人:洪晓枫、张纪升、张巍汉、朱孔林、张艳、石娟、王红、侯德藻、毕军、刘见振。

目　次

高速公路货车队列运行系统功能要求

1 总则

1.0.1 为规范高速公路货车队列的运行，提升货车队列在高速公路运行的实用性和可靠性，制定本文件。

1.0.2 本文件适用于高速公路货车队列运行系统的功能设计、实施和运行。

1.0.3 高速公路货车队列运行系统功能要求除应符合本文件的规定外，尚应符合有关法律、法规及国家和行业现行有关标准的规定。

2 术语

2.0.1 货车队列 truck platoon

依序协同编队行驶的，动力、制动、载重等参数一致或相近的一组货车。

2.0.2 队列货车 truck with platooning capability

搭载先进的传感器、控制器、执行器和通信模块等，具备自动驾驶功能，能够形成货车队列的货车。

2.0.3 领航车 leading truck

货车队列中处于队列最前面位置，起领航作用的队列货车。

2.0.4 跟随车 following truck

货车队列中除了领航车以外，处于跟随运行状态的队列货车。

2.0.5 前车 preceding truck

跟随车所跟随的处于行驶方向前方的队列货车。

2.0.6 自由车 free truck

即将开始或者已经结束货车队列运行的队列货车。

2.0.7 跟车间距 clearance, c

前车尾部与跟随车头部之间的距离。

[来源：《智能运输系统 自适应巡航控制系统 性能要求与检测方法》(GB/T 20608—2006)，3.1.4]

2.0.8 跟车时距 time gap, τ

跟随车驶过跟车间距所需的时间间隔。

注：跟车时距 τ 与车速 v 和跟车间距 c 相关，计算公式是 $\tau = c/v$，如图 2.0.8 所示。

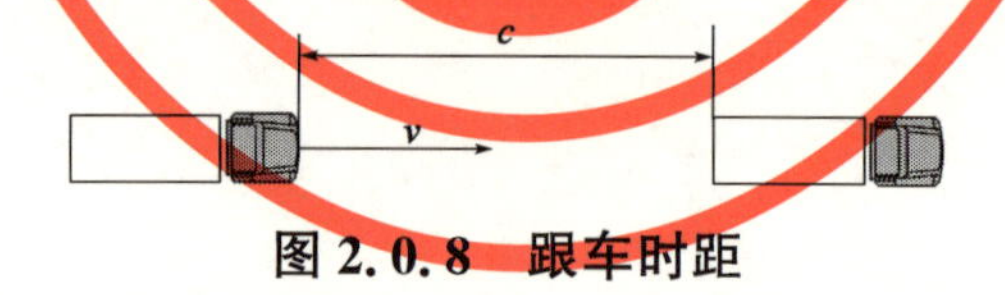

图 2.0.8 跟车时距

[来源：《智能运输系统 自适应巡航控制系统 性能要求与检测方法》(GB/T 20608—2006)，3.1.8，有修改]

2.0.9 货车队列稳态 steady-state of truck platooning

成员固定、顺序固定、速度基本一致，跟车间距/跟车时距稳定的货车队列运行状态。

CHTS

3 一般要求

3.1 货车队列运行系统构成

3.1.1 货车队列运行系统(以下简称“系统”)由云平台与队列货车构成,队列货车可处于自由车、领航车和跟随车的角色,见图 3.1.1。其中,队列货车主要包括自动驾驶传感器、自动驾驶域控制器、货车线控底盘、人机交互模块、车车及车云通信模块。

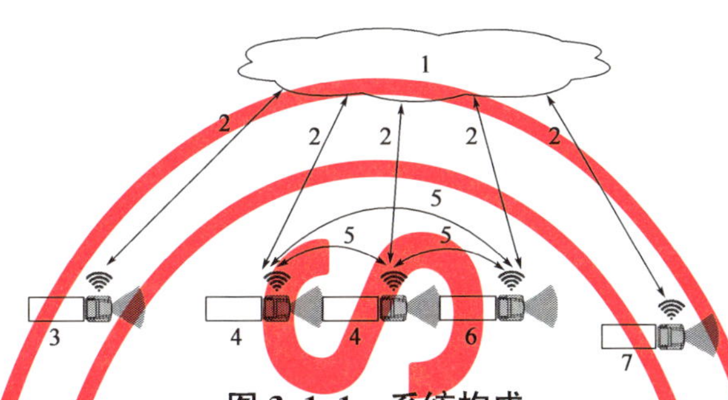

图 3.1.1 系统构成

1-云平台;2-车云通信;3-即将加入货车队列的自由车;4-跟随车;5-车车通信;6-领航车;7-已经离开货车队列的自由车

CHTS

3.2 货车队列形成方式和运行状态

3.2.1 货车队列有以下两种形成方式:

1 静态形成方式:在可以停车集结的地点,两辆及两辆以上队列货车从静止开始起动,按照一定的先后顺序驶入高速公路,形成货车队列;

2 动态形成方式:在高速公路行驶途中,自由车与领航车相遇,形成货车队列。

3.2.2 货车队列运行状态包括稳态和非稳态两种状态。

3.2.3 货车队列稳态包括定速行驶和变速行驶两种状态。

3.2.4 货车队列非稳态包括自由车加入与离开、社会车辆切入与切出、货车队列成员紧急制动和货车队列换道四种状态。

3.3 队列货车

3.3.1 驾驶自动化能力应不低于《汽车驾驶自动化分级》(GB/T 40429—2021)中规定的 2 级。

3.3.2 应具备激活和退出货车队列控制状态的触发功能。

3.3.3 应具备故障自动检测和发布功能。

3.3.4 应具备期望巡航速度、跟车间距/跟车时距等货车队列运行参数配置功能。

3.3.5 应具备声、光或振动等方式发出事件提醒和处置建议提醒功能。

3.3.6 应具备货车队列状态信息获取和显示功能,主要包括货车队列车辆数、货车队列成员顺序、货车队列成员速度、跟随车跟车间距/跟车时距等。

3.3.7　尾部宜设置电子信息标志，当处于货车队列运行状态时显示状态警示信息。

3.4　云平台部署环境

3.4.1　场地、资源池等部署环境应符合《云计算数据中心基本要求》(GB/T 34982—2017)的有关规定。

3.4.2　应具备与队列货车的交互接口。

4 货车队列

4.1 货车队列形成

4.1.1 功能要求

1 在自由车状态时，应提供以下功能：

1） 设置本车为领航车；

2） 设置本车为跟随车并搜索和选择附近领航车；

3） 向领航车发送加入货车队列的请求。

2 领航车应具备允许与拒绝自由车加入货车队列的人机交互功能。

3 领航车应具备设置跟随车最小跟车间距/跟车时距的功能。

4 自由车应具备在高速公路行驶时从队尾加入货车队列的功能。

5 对于跟随车采用《汽车驾驶自动化分级》(GB/T 40429—2021)中 4 级驾驶自动化的货车队列，领航车或云平台应具备操作跟随车的发动机起动与停机、驻车制动生效与解除、货车队列控制状态激活与退出等功能。

4.1.2 实现策略

1 自由车应在得到领航车许可后才能加入该货车队列。

2 领航车宜根据云平台的货车队列规划允许/拒绝自由车的加入。

3 对于跟随车采用《汽车驾驶自动化分级》(GB/T 40429—2021)中 4 级驾驶自动化的货车队列，宜采用静态形成方式。

4 当货车队列处于静止状态时，如果有行人或者社会车辆插入跟随车前方，则领航车不应起动。

5 如需交换货车队列成员顺序，宜通过静态形成方式执行。

6 自由车完成加入货车队列过程成为跟随车后，领航车应将该跟随车的车辆编号和在货车队列中的顺序发送给其他跟随车。

7 当货车队列形成后，领航车应向云平台申请注册该货车队列。

4.2 货车队列行驶

4.2.1 功能要求

1 应具备车辆实时状态数据采集功能。采集数据主要包括位置、速度、加速度、制动信号、转向信号等。

2 宜具备障碍物自动检测功能。

3 宜具备自动驾驶决策规划功能。

4 应具备自动紧急制动功能。领航车紧急制动时，跟随车不应与前车发生碰撞。

5　应具备障碍物避让功能。当领航车绕过障碍物后，跟随车应能够绕过障碍物。

6　应具备实时通信质量检测功能。

7　应具备社会车辆切入、切出检测功能。

8　领航车宜具备修改跟随车跟车间距/跟车时距、监控跟随车故障状态等功能。

4.2.2　实现策略

1　领航车宜设置为自适应巡航控制模式。

2　纵向控制策略可设置为固定间距跟车或固定时距跟车。同一货车队列中，应采用相同的纵向控制策略。

3　当社会车辆切入跟随车前方时，该跟随车应暂时从纵横向协同控制模式转换为自适应巡航控制模式；同时，仍应保持与其他货车队列成员的通信链接，并向领航车上报有社会车辆切入。

4　当社会车辆从跟随车前方切出时，该跟随车应向领航车上报社会车辆已经切出，并缩短跟车间距恢复纵横向协同控制模式。

5　当车车直连通信质量下降时，跟随车应自动增大跟车间距/跟车时距。

6　当车车直连通信出现中断时，跟随车应从纵横向协同控制模式转换为自适应巡航控制模式，待车车直连通信恢复后再转换为纵横向协同控制模式。

4.3　货车队列分解

4.3.1　功能要求

1　领航车应具备向跟随车发送货车队列分解指令的功能。货车队列分解包括货车队列解散、货车队列拆分和指定跟随车离开货车队列。

2　跟随车应具备切换为领航车并完成货车队列拆分的功能。

3　跟随车应具备从队中或者队尾离开货车队列的功能。

4　跟随车应具备检测前车离开货车队列的功能。

4.3.2　实现策略

1　正常运行状态下，货车队列解散和货车队列拆分应由云平台或领航车发起，跟随车离开可由云平台、领航车或跟随车发起。

2　跟随车离开货车队列前，应向领航车发送即将离开的通知。

3　跟随车离开货车队列的操作完成后，应向领航车发送已经离开的通知，随后领航车应将该通知转发给其他跟随车。

4　货车队列解散完成后，原领航车应向云平台申请注销该货车队列。

4.4　应急处理

4.4.1　当货车队列成员出现不影响货车队列行驶的故障时，货车队列宜具备降速运行功能。

CHTS

4.4.2 当环境或者领航车状况不适合货车队列运行时，领航车应具备货车队列解散功能。

4.4.3 当领航车出现严重故障就地停车时，应具备更换领航车或自动解散功能。

4.4.4 当跟随车出现严重故障就地停车时，后方全部跟随车应具备自动离开货车队列功能。

5 云平台

5.1 货车队列服务和管理

5.1.1 应具备货车队列运行规划功能。规划内容主要包括货车队列形成方式、行驶路径、形成时间与地点、分解时间与地点等。

5.1.2 应具备货车队列运行提醒数据生成功能。提醒数据主要包括事件的类型、位置和影响车道等。

5.1.3 宜具备货车队列运行决策建议功能。根据天气、路面和交通状况生成货车队列当前的跟车间距/跟车时距、速度、行驶车道等运行建议信息。

5.1.4 应具备货车队列运行监测功能。监测信息主要包括货车队列的车辆数、成员车牌号、成员顺序、当前位置、成员速度、跟随车跟车间距、社会车辆切入与切出状态等。

5.1.5 应具备基于交通管控策略的货车队列运行参数生成和设置功能。参数主要包括最大货车队列速度、最大货车队列车辆数、最小跟车间距/跟车时距等。

5.1.6 应具备基于交通管控策略的货车队列分解决策功能。

5.2 系统管理

5.2.1 应具备队列货车的信息注册登记和审核功能。所注册登记的信息主要包括车牌号、品牌型号、功率、转矩、总质量、当前载重量、运输起止点等。

5.2.2 应具备货车队列的注册和注销功能。

5.2.3 应具备货车队列数据的存储、处理、动态展示、查询、统计分析等功能。

5.2.4 正常状态下，云平台应向领航车下发货车队列服务与管理指令；紧急状态下，云平台可直接向跟随车下发货车队列服务与管理指令。

5.2.5 当云平台与领航车的参数设置或货车队列分解指令发生冲突时，应以领航车的指令为准。

6 数据交互及信息安全要求

6.1 数据交互

6.1.1 自由车、领航车、跟随车之间的车车数据交互应符合现行《营运车辆 合作式自动驾驶货车编队行驶 第3部分:车辆通讯应用层数据交互要求》(T/ITS 0113.3)的有关规定。

6.1.2 队列货车与云平台之间的车云数据交互的传输规则应符合现行《车路云一体化系统 第2部分:车云数据交互规范》(T/CSAE 295.2),数据交互内容及格式参考本文件附录A。

6.2 信息安全

6.2.1 系统的信息安全应符合现行《信息安全技术 网络安全等级保护基本要求》(GB/T 22239)和《交通运输 信息安全规范》(GB/T 37378)的有关规定。

附录 A(资料性附录) 车云数据交互内容及格式

A.1 数据类型定义

A.1.1 基础数据类型的定义见表 A.1.1。

表 A.1.1 基础数据类型

数据类型	字节数	描述及要求
BYTE	1	无符号单字节整型
BYTE[N]	N	无符号单字节整型数组
WORD	2	无符号双字节整型
DWORD	4	无符号四字节整型
WORD[N]	$2\times N$	无符号双字节整型数组
TIMESTAMP	8	毫秒精度的时间戳(无符号八字节整型,UTC+8 时间,从 1970 年 1 月 1 日 0 时整开始所经过的毫秒数)
TSMIN	4	分钟精度的时间戳(无符号四字节整型,UTC+8 时间,从 1970 年 1 月 1 日 0 时整开始所经过的分钟数)
BCD[N]	N	8421 码
TRUCKID	4	队列货车车辆编号(无符号四字节整型,队列货车在云平台注册时,所获得的唯一编码)
TRUCKID[N]	$4\times N$	队列货车车辆编号数组

A.1.2 结构体复合数据类型的定义见表 A.1.2。

表 A.1.2 结构体复合数据类型

复合数据类型	字节数	成员名称	基础数据类型	描述及要求
POSITION	12	经度	DWORD	以度为单位的经度值$\times 10^7$,精确到千万分之一度
		纬度	DWORD	以度为单位的纬度值$\times 10^7$,精确到千万分之一度
		高程	DWORD	海拔高度,单位:dm
POSITION[N]	$N\times 12$	—	—	POSITION 数组

A.2 数据交互内容及格式

A.2.1 云平台向队列货车下发的货车队列运行规划数据内容及格式见表 A.2.1。

CHTS

表 A.2.1　货车队列运行规划数据内容及格式

序号	数据名称	数据标识	数据类型	格式及说明
1	数据类别	dataType	BYTE	取值为“0x81”
2	时间戳	timeStamp	TSMIN	云平台生成货车队列规划数据的时间，精确到分钟
3	领航车编号	leaderId	TRUCKID	领航车的车辆编号
4	货车队列车辆数	truckNumber	BYTE	货车队列的成员数量
5	跟随车编号	followerId	TRUCKID[n]	按照从前往后的顺序给出的全体跟随车的车辆编号(跟随车数量为 n)
6	货车队列形成方式	formType	BYTE	0:静态形成;1:动态形成
7	货车队列路径点个数	pathPointNum	WORD	规划路径关键点的个数,0 表示没有给出路径规划
8	货车队列路径	platoonPath	POSITION[L]	按照到达先后顺序给出的领航车行驶路径关键地点列表(路径关键点数为 L)
9	跟随车加入地点	joinLocation	POSITION[n]	按照从前往后的顺序给出每一辆跟随车加入货车队列的地点(跟随车数量为 n)
10	跟随车加入时间	joinTime	BCD[7×n]	按照从前往后的顺序给出每一辆跟随车加入货车队列的时间(跟随车数量为 n,时间格式:”yyyy-MM-dd-HH:mm:ss”)
11	跟随车离开地点	leaveLocation	POSITION[n]	按照从前往后的顺序给出每一辆跟随车离开货车队列的地点(跟随车数量为 m)
12	跟随车离开时间	leaveTime	BCD[7×n]	按照从前往后的顺序给出每一辆跟随车离开货车队列的时间(跟随车数量为 n,时间格式:“yyyy-MM-dd-HH:mm:ss”)

A.2.2　云平台向领航车下发的货车队列运行提醒数据内容及格式见表 A.2.2。

表 A.2.2　货车队列运行提醒数据内容及格式

序号	数据名称	数据标识	数据类型	格式及说明
1	数据类别	dataType	BYTE	取值为“0x82”
2	事件编号	eventId	WORD	从“0x0000”开始,每一个新事件增加 1,到“0xFFFF”后清零
3	时间戳	timeStamp	TIMESTAMP	提醒数据生成时间
4	事件有效性	eventValid	BYTE	1:有效;0:失效
5	事件类型	eventType	WORD	8801:严重拥堵(0～30km/h);8802:障碍物;8803:车辆逆行;8804:道路施工;8805:路面湿滑;8806:团雾(可根据需要扩充)
6	数据来源	dataSource	BYTE	1:高速公路管理单位;2:云平台私有数据;3:其他权威部门(可根据需要扩充)

表 A.2.2 货车队列运行提醒数据内容及格式(续)

序号	数据名称	数据标识	数据类型	格式及说明
7	事件位置	eventLocation	POSITION	所提醒事件的发生地点
8	事件影响半径	eventRadius	WORD	单位:0.1m。“0xFFFF”表示无此值
9	事件影响车道	eventLane	BYTE	事件关联的车道。99:全部车道;1:第1条车道;2:第2条车道;……;依次从内向外计数直至最外车道。“0xFF”表示无此值

A.2.3 云平台向领航车下发的货车队列运行决策建议数据内容及格式见表A.2.3。

表 A.2.3 货车队列运行决策建议数据内容及格式

序号	数据名称	数据标识	数据类型	格式及说明
1	数据类别	dataType	BYTE	取值为“0x83”
2	时间戳	timeStamp	TIMESTAMP	决策建议生成时间
3	速度建议	speedGuide	WORD	单位:0.01m/s,“0xFFFF”表示无该建议
4	跟车间距建议	clearanceGuide	BYTE[n]	一组跟车间距的集合(跟随车数量为 n),按照行驶中的顺序从前向后排列,单位为0.1m,“0xFF”表示无该建议
5	跟车时距建议	timeGapGuide	BYTE[n]	一组跟车时距的集合(跟随车数量为 n),按照行驶中的顺序从前向后排列,单位为0.1s,“0xFF”表示无该建议
6	换道建议	laneChangeGuide	BYTE	1:向左换道;2:向右换道。“0xFF”表示无该建议

A.2.4 领航车向云平台上传的货车队列运行监测数据内容及格式见表A.2.4。

表 A.2.4 货车队列运行监测数据内容及格式

序号	数据名称	数据标识	数据类型	格式及说明
1	数据类别	dataType	BYTE	取值为“0x84”
2	时间戳	timeStamp	TIMESTAMP	数据采集时间
3	领航车编号	leaderId	TRUCKID	领航车的车辆编号
4	货车队列车辆数	truckNumber	BYTE	货车队列的成员数量
5	跟随车编号	followerId	TRUCKID[n]	按照从前往后的顺序给出的全体跟随车的车辆编号(跟随车数量为 n)。无跟随车则无该数据
6	货车队列当前位置	location	POSITION	领航车当前位置
7	跟车间距	clearance	BYTE[n]	按照从前往后的顺序给出的全体跟随车的跟车间距(跟随车数量为 n)。单位为0.1m

表 A.2.4 货车队列运行监测数据内容及格式(续)

序号	数据名称	数据标识	数据类型	格式及说明
8	速度	speed	WORD[n+1]	按照从前往后的顺序给出的全体货车队列成员速度(货车队列成员数为 $n+1$)。单位:0.01m/s
9	被切入跟随车数量	followerCutNum	BYTE	前方有社会车辆切入的跟随车数量,0 表示无社会车辆切入
10	社会车辆切入位置	vehicleCutPoint	TRUCKID[m]	前方有社会车辆切入的跟随车车辆编号的集合(被切入跟随车数量为 m),若社会车辆切入数量为 0,则无该数据

A.2.5 云平台向领航车下发的货车队列运行参数设置数据内容及格式见表 A.2.5。

表 A.2.5 货车队列运行参数设置数据内容及格式

序号	数据名称	数据标识	数据类型	格式及说明
1	数据类别	dataType	BYTE	取值为“0x85”
2	时间戳	timeStamp	TIMESTAMP	运行参数生成时间
3	设置生效起始位置	startLocation	POSITION	如无起始位置,则经度、纬度和海拔的取值均为“0xFFFFFFFF”
4	设置生效结束位置	endLocation	POSITION	如无结束位置,则经度、纬度和海拔的取值均为“0xFFFFFFFF”
5	设置生效起始时间	startTime	BCD[7]	时间格式:”yyyy-MM-dd-HH:mm:ss”,如无起始时间,则“yyyy”取值为“0xFFFF”
6	设置生效结束时间	endTime	BCD[7]	时间格式:”yyyy-MM-ddTHH:mm:ss”,如无结束时间,则“yyyy”取值为“0xFFFF”
7	最大货车队列车辆数	maxTruckNumber	BYTE	允许的货车队列车辆数的最大值。如不设置该参数,则取值为“0xFF”
8	最小跟车间距	minClearance	BYTE	允许的货车队列跟车间距的最小值,单位:0.1m。如不设置该参数,则取值为“0xFF”
9	最小跟车时距	minTimeGap	BYTE	允许的货车队列跟车时距的最小值,单位:0.1s。如不设置该参数,则取值为“0xFF”
10	最大货车队列速度	maxSpeed	BYTE	允许的最大货车队列速度,单位:0.01m/s。如不设置该参数,则取值为“0xFF”

A.2.6 云平台向领航车下发的货车队列分解指令数据内容及格式见表 A.2.6。

表 A.2.6 货车队列分解指令数据内容及格式

序号	数据名称	数据标识	数据类型	格式及说明
1	数据类别	dataType	BYTE	取值为“0x86”
2	时间戳	timeStamp	TIMESTAMP	指令生成时间
3	分解类型	dissolutionType	BYTE	1:货车队列解散;2:跟随车离开;3:货车队列拆分
4	离开跟随车数量	leaveNumber	BYTE	要求离开的跟随车数量。如果分解类型不是跟随车离开,则为 0
5	跟随车编号	followerId	TRUCKID[m]	一组要求离开的跟随车车辆编号集合(要求离开的跟随车车辆数为 m)。如果分解类型不是跟随车离开,则无该数据
6	拆分数量	splitNumber	BYTE	拆分后货车队列的数量。如果分解类型不是货车队列拆分,则为 1
7	新领航车编号	newLeaderId	TRUCKID[x]	当前货车队列拆分为 2 个或 2 个以上的货车队列后,一组新领航车的车辆编号集合(拆分后货车队列数量为 x)。如果分解类型不是货车队列拆分,则无该数据

A.2.7 领航车申请货车队列注册或注销的数据内容及格式见表 A.2.7。

表 A.2.7 领航车申请货车队列注册或注销的数据内容及格式

序号	数据名称	数据标识	数据类型	格式及说明
1	数据类别	dataType	BYTE	取值为“0x87”
2	时间戳	timeStamp	TIMESTAMP	发出申请的时刻
3	位置	applyLocation	POSITION	发出申请时刻,领航车所处的位置
4	申请类型	applyType	BYTE	1:货车队列注册;2:货车队列注销
5	领航车编号	leaderId	TRUCKID	领航车的车辆编号
6	货车队列车辆数	truckNumber	BYTE	货车队列的成员数量
7	跟随车编号	followerId	TRUCKID[n]	按照从前往后的顺序给出的全体跟随车的车辆编号(跟随车数量为 n)

用 词 说 明

1　本文件执行严格程度的用词，采用下列写法：

1）　表示严格，在正常情况下均应这样做的用词，正面词采用“应”，反面词采用“不应”或“不得”。

2）　表示允许稍有选择，在条件许可时首先应这样做的用词，正面词采用“宜”，反面词采用“不宜”。

3）　表示有选择，在一定条件下可以这样做的用词，采用“可”。

2　引用标准的用语采用下列写法：

1）　当引用的标准为国家标准或行业标准时，表述为“应符合《×××××》（×××）的有关规定”。

2）　当引用标准中的其他规定时，表述为“应符合本文件第×章的有关规定”“应符合本文件第×.×节的有关规定”“应按本文件第×.×.×条的有关规定执行”。

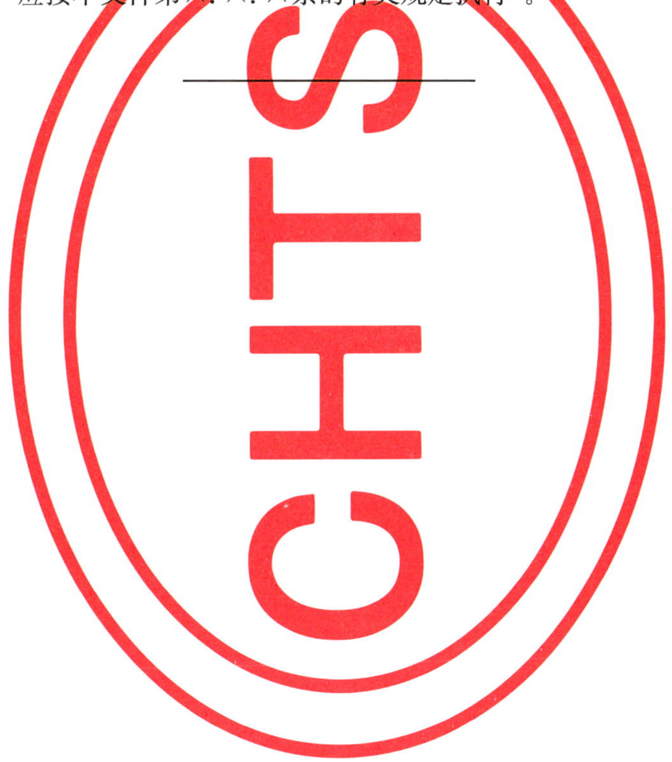